AF226362

LA QUESTION

DES

INDEMNITÉS

BOMBARDEMENT

PILLAGE, INCENDIE

PARIS

E. LACHAUD, ÉDITEUR

4, PLACE DU THÉATRE-FRANÇAIS, 4

1871

LA QUESTION

DES INDEMNITÉS

BOMBARDEMENT, PILLAGE, INCENDIE

On a beau remonter le cours des âges, l'histoire n'offre rien de comparable aux événements inouis que la France vient de subir dans ces derniers temps.

Nous avons eu des guerres malheureuses, suivies d'invasion étrangère et de toutes les calamités qui sont le résultat inséparable de ces tristes luttes internationales.

Nos places fortes ont eu à soutenir des siéges longs et mémorables, exposant des populations entières aux souffrances et aux dévastations de l'investissement.

Trop souvent nous avons pu voir nos rues ensanglantées par l'émeute, nos monuments mutilés, nos demeures saccagées par des hordes de factieux.

Mais ce qu'on n'avait vu, dans aucun siècle, c'est un gouvernement, issu de la libre volonté du pays, obligé d'investir avec toute l'armée nationale, sa propre capitale, d'en faire le siége régulier et finalement de la bombarder pour la réduire.

Ce qu'on n'avait jamais vu, c'est une insurrection vaincue, s'efforçant, pour retarder ou venger sa défaite, d'allumer partout l'incendie derrière elle, et de faire de la plus magnifique cité, un instant souillée par ses crimes, un vaste foyer de ruines.

Si de telles orgies de scélératesse pouvaient déshonorer une époque, ce serait la honte de la civilisation du XIXᵉ siècle, d'avoir dépassé en violences, en audaces, en forfaits de toute nature, les temps les plus néfastes de la barbarie.

Ce cataclysme, heureusement, n'a duré que peu de jours; et maintenant que, grâce au ciel, la guerre étrangère est finie, que la flamme des incendies est éteinte, que l'ordre est partout rétabli, le moment est venu de songer à réparer cette déplorable série de désastres et d'infortunes.

Au milieu de la misère publique et privée se dresse une redoutable et difficile question.

Qui va supporter le poids de ces réquisitions et dévastations dont le pays a été accablé?

Seront-ce les malheureuses victimes?

Seront-ce les villes et les communes sinistrées?

Sera-ce l'État, c'est-à-dire la France entière?

A cet égard, si nos lois n'ont pu prévoir des événements, rebelles à toute prévision, au moins convient-il d'examiner ce qu'enseigne le droit, ce que conseille l'équité, ce que réclame, en tous cas, l'humanité.

Cette étude, si utile aux nombreux intérêts lésés, pourra peut-être éclairer l'opinion et mettre le législateur à même de parfaire son œuvre de protection et d'indemnité.

Les dommages constatés sont de trois sortes :

Il y a les dégâts causés par les armées belligérantes, — conséquence de la guerre étrangère.

Il y a les dégâts causés par l'armée française, — conséquence de la guerre civile.

Il y a, enfin, les attentats commis par les malfaiteurs insurgés.

Ces trois sources de dévastations ne sauraient être régies par les mêmes règles, et la responsabilité qui en découle, procéder des mêmes principes.

Quelles sont ces règles ? Quels sont ces principes ? Quelle est cette responsabilité ? C'est ce que nous allons essayer de déterminer.

I

La guerre est un état anormal des nations, qui répugne au législateur. Ce règne de la force brutale ne peut avoir rien de commun avec le droit.

Aussi, à part certaines conventions, établies par l'usage ou le commun consentement, et qu'a recueillies le droit des gens, tout ce qui est du ressort et des conséquences de la guerre semble avoir été abandonné sans réglementation.

L'histoire et la jurisprudence se sont contentées de déclarer que
a guerre est le plus terrible des fléaux, et que, dès lors, elle doit
tre considérée comme « un fait de *force majeure*, des consé-
uences duquel nul ne saurait être tenu. »

Principe antisocial et barbare, qui abandonne sans recours les
opulations sur le territoire desquelles se sont abattus les hasards
e la lutte ; mais la guerre elle-même n'est-elle pas le retour à la
arbarie et la négation de tous les droits ?...

Toujours est-il que cette règle inflexible refuse de tenir compte
ussi bien des dommages causés par l'armée ennemie pour les be-
oins de l'attaque, que de ceux occasionnés par l'armée nationale
our les nécessités de la défense.

La science juridique va même au delà. Par une de ces fictions
e droit, telles qu'elle en crée parfois, toute la portion du terri-
oire français envahi par l'ennemi est considérée comme lui appar-
enant. Il en résulte que la cour de cassation a pu juger le 23 fri-
naire an v « que les dégâts dont se plaignait le sieur Dautaner
vaient été commis sur le *territoire ennemi.* »

Sans proclamer ce principe, trop absolu, de nombreuses déci-
ions ont rejeté toutes les demandes formées par les particuliers
our indemnité de faits de guerre.

Grâce à Dieu, il faut remonter loin dans nos précédents judi-
iaires pour en trouver des exemples ; car dès longtemps le sort
es armes n'avait porté sur notre sol le théâtre de la guerre.

A la suite des dernières campagnes de l'Empire, un sieur Moget
vait cru devoir s'adresser au conseil d'État pour obtenir répara-
ion de dégâts commis sur ses propriétés par les armées ennemies.

A la date du 11 février 1824 intervint une ordonnance du con-
eil d'État ainsi conçue :

« Louis, roi... Considérant que le pillage dont le sieur Moget
« prétend avoir été victime dans les journées des 16 et 17 juillet
« 1815, de la part des troupes prussiennes, campées au Champ-
« de-Mars, constitue un fait de guerre, qui ne peut donner lieu à
« aucune réclamation, soit contre la ville de Paris, soit contre
« l'État : — Art. 1er. La requête du sieur Moget est rejetée. »

Un sieur Rousseau, directeur du dépôt de mendicité de Clair-
vaux, ayant pareillement introduit une demande pour demander
à être indemnisé du préjudice souffert par ses exploitations agri-
coles, il y fut statué, le 10 août 1825, par ordonnance royale :

« Charles, roi... Considérant que le sieur Rousseau exploitait
« pour son compte particulier des biens ruraux, dont il était pro-
« priétaire ; que les réclamations du sieur Rousseau portent sur
« des pertes par lui éprouvées, à raison de son exploitation ; que
« ces pertes constituent un fait de guerre, qui ne peut donner lieu
« à aucune indemnité : — Art. 1er. Les requêtes du sieur Rous-
« seau sont rejetées. »

Le 16 novembre 1825, même décision sur la requête d'un sieur
Schœngrun, à propos de coupes de bois opérées par l'ennemi :

« Charles, roi... Considérant qu'il s'agit d'enlèvements de
« bois, qui, dans l'espèce, constituent un fait de guerre, dont
« les suites ne peuvent retomber à la charge soit de l'État, soit
« des départements, soit des communes. — Art. 1er. Les re-
« quêtes du sieur Schœngrun sont rejetées. »

Ainsi, conforme aux principes généraux du droit, la jurisprudence du conseil d'État décide que les dommages causés par l'armée ennemie ne sauraient être mis à la charge de l'État, des départements ou des communes, auxquelles le territoire appartient
qu'il s'agisse de pillage, de réquisitions ou de coupes de bois.

La partie lésée ne serait pas plus recevable à s'adresser à l'État, dont relève l'armée envahissante, en invoquant la fiction, suivant laquelle l'occupant du sol en serait réputé possesseur.

Quelque singulière que puisse paraître cette prétention, elle a été soulevée jadis par un sieur Palengat, lequel entendait être indemnisé par le gouvernement français du dommage à lui causé, sur le territoire belge, par l'armée française, lors de la guerre pour l'indépendance de la Belgique.

Sa demande fut repoussée, le 13 mai 1836, en ces termes :

« LOUIS-PHILIPPE, roi... Considérant que le blocus de l'Escaut et
« le siége d'Anvers sont, par leur nature, des faits de guerre, dont
« les conséquences ne peuvent donner lieu à aucune demande en
« indemnité à la charge du gouvernement français : — Art. 1er. La
« requête du sieur Palengat est rejetée. »

Cette solution, relative aux dégâts qui résultent des plans d'attaque de l'armée étrangère, s'applique également aux dommages causés par l'armée nationale pour la défense. Nous ne citerons que deux décisions à l'appui :

« LOUIS, roi... Considérant que les travaux de défense, qui
« donnent lieu aux réclamations des demandeurs ont pour objet
« de s'opposer à l'envahissement du territoire français ; qu'ils ont
« été exécutés tandis que l'armée manœuvrait en présence de l'en-
« nemi ; que, par conséquent, ils constituent un fait ordinaire de
« guerre qui, d'après les principes de droit commun, ne peut don-
« ner lieu à aucune indemnité : — Art. 1er. Les requêtes des sieurs
« Glairet et Bellamy sont rejetées. » (26 mars 1823, Ordonnance du
« conseil d'État.)

Il en est de même de la destruction d'une maison, devenue poudrière, destruction ordonnée par les autorités françaises.

« Charles, roi... Considérant que l'ordre de faire sauter les
« poudres a été donné en présence de l'ennemi; que, dès lors,
« l'explosion constitue un fait de guerre, qui ne peut donner lieu
« à aucune indemnité : — Art. 1er. La requête du sieur Maillard
« est rejetée. » (15 mars 1826, Ordonnance du conseil d'État.)

Le raisonnement étrange sur lequel repose toute cette doctrine
mérite assurément d'être signalé. On refuse au propriétaire lésé
par les faits de guerre une action contre le gouvernement, person-
nifiant la collectivité de tous les citoyens, « parce que si le gouvernement était responsable des dommages occasionnés par la guerre,
le Trésor de l'Etat n'y pourrait suffire, et la ruine publique ne tar-
derait pas à suivre celle de quelques simples particuliers. »

Voilà donc le droit rigoureux ; voilà la jurisprudence implacable
que les corps officiels ont fait triompher !

Les populations, dont le territoire a été dévasté, les habitations
anéanties, les récoltes ravagées, les épargnes réquisitionnées sont
sans aucun recours. Elles n'ont qu'à s'incliner devant le *fait de la
guerre !*

Si la pitié et la commisération publiques leur sont largement
départies, tout dédommagement efficace leur est irrévocablement
dénié. C'est un nouveau : *Vœ victis !* Malheur aux victimes ! Malheur à ceux qui ont tout perdu pour la défense de la patrie !...
Et l'Etat qui *peut tout* pour amonceler les ruines privées, ne *doit
rien* lorsqu'il s'agit de les réparer.

Soit ; ce peut-être le droit et la doctrine ; mais ce n'est ni l'équité,
ni la justice. Eh quoi, la nation tout entière, représentée par
le gouvernement, ou si l'on préfère par l'Etat, déclare ou subit la
guerre, et tout entière aussi elle n'en supporterait pas les conséquences !

Parce que la nature a placé certains départements sur les frontières, sans cesse exposés à l'invasion ; parce que le hasard des combats ou les plans de campagne ont amené les armées sous les murs de telles villes, ces départements et ces villes seront seuls, sans indemnité possible, réquisitionnés, dévastés, alors que les autres régions du même pays auront continué à vivre dans une sécurité et une abondance relative !

Est-ce qu'il n'est pas manifeste que, lorsque telle contrée a payé, a brûlé, a souffert , elle a payé, elle a brûlé, elle a souffert pour la cause de tous, dans l'intérêt général, et que dès lors tous doivent venir à son secours et réparer ses désastres ?

Déjà les communes envahies ont décidé que tous leurs habitants seraient solidaires des réquisitions en argent ou en nature par elles subies. Déjà l'Assemblée nationale, s'inspirant de ces sentiments d'égalité et de justice, a pris en considération la proposition d'un de ses membres, en vue de décider, en principe, que la France entière sera solidaire des réquisitions supportées par les départements occupés par l'ennemi (1).

Déjà cette même Assemblée a voté d'enthousiasme la somme d'un million pour venir en aide à la vaillante petite ville de Châteaudun.

Nous ne pouvons qu'applaudir à ces généreuses résolutions. Mais ce n'est point faire assez. Il nous semble du devoir des représentants de la nation de suppléer les principes du droit ; et puisque le droit strict proclame que l'Etat ne doit aucune compensation aux victimes de la guerre étrangère, c'est à leur initiative qu'il appartient d'ordonner qu'il en soit autrement.

---

(1) En ce qui touche spécialement les réquisitions faites par les armées allemandes, soit en argent soit en nature, la question semble donc résolue, en ce sens que la France entière remboursant les avances faites par les départements envahies, ceux-ci n'auront à supporter définitivement que leur quotepart.

Qu'écartant les rigueurs juridiques et légales, ils ne craignent pas de voter une somme suffisante, pour répartir entre tous les habitants de la France le prix des désastres de cette longue guerre à jamais néfaste.

C'est le seul moyen de mettre en pratique le grand principe de la solidarité nationale, qui n'est autre que l'assurance mutuelle de toutes les parties du territoire contre les risques, que quelques-unes d'entre elles ont pu supporter.

Terrible compte à régler, sans doute, à l'heure de la liquidation suprême! Alors on verra, encore une fois, ce que coûte la guerre en dévastations matérielles, sans parler des victimes humaines, dont rien ne saurait réparer les glorieux trépas!...

II

Après la guerre étrangère, la France a eu l'horrible spectacle de la guerre civile. Il nous faut envisager maintenant les dégâts qui ont été le résultat de ce nouveau conflit.

Ce serait méconnaître la vérité que de ne pas rendre justice aux ménagements pris par les chefs et les soldats de notre armée pour faire aussi minime que possible la part de ces désastres.

Les quartiers rapprochés de l'enceinte de Paris, du côté où le bombardement était indispensable, ont surtout eu à souffrir, bien que toutes les précautions eussent été prises, en vue de concentrer le feu des batteries de siége sur les points déterminés, qui devaient être à l'avance sacrifiés.

Tant de nouvelles ruines pourront-elles être réparées?... Les développements qui précèdent, se référant à la guerre étrangère, ne sauraient plus laisser aucun doute sur la solution de cette seconde question : *Eadem ratio, idem jus.*

Si, en droit, l'État n'est pas responsable des dommages causés par la guerre étrangère, qu'il peut avoir lui-même attirée sur le pays, comment serait-il déclaré responsable des dommages qu'il est forcé de faire, pour mettre fin à une émeute ou à une guerre civile, dirigée contre lui ?

D'autre part, lorsque l'armée nationale en est réduite à bombarder des quartiers insurgés, à traiter en ville ennemie une ville française, qui ne voit que le cas de force majeure, invoqué pour repousser l'invasion, reparaît au même titre ?

N'étant pas cause du mal, l'État ne peut être responsable du préjudice occasionné par la répression ; autant vaudrait accorder une action en indemnité au malfaiteur blessé dans la lutte qu'il soutient contre les agents de l'autorité procédant à son arrestation.

Ici donc, encore, le droit fait défaut aux particuliers si cruellement éprouvés ; et leur seul recours est dans la générosité des représentants du pays.

III

Restent les dégâts commis par les malfaiteurs insurgés.

Comme nous le disions en commençant, jamais émeute, insurrection ou guerre civile ne saurait être comparée, en résultats effroyables, avec les entreprises criminelles des membres de la Commune de Paris.

Ils n'ont pas pillé, dévasté ou incendié seulement un atelier ou une maison, mais des centaines ! Ils n'ont pas réduit à la misère et exposé à rester sans asile, sans mobilier, sans vêtements, quelques familles, mais plusieurs mille !

Toutes ces innocentes victimes sont-elles donc ruinées sans retour ?

En ce qui les concerne, la loi paraît, au premier abord, plus secourable. Le Code civil impose, en effet, à l'auteur de tout délit l'obligation expresse de le réparer.

Malheureusement, dans les circonstances qui nous occupent, ce recours ordinaire est à peu près illusoire. D'abord il est impossible, au milieu de tels désordres, d'établir la culpabilité de chacun des individus qui ont pris part aux pillages et aux incendies; en admettant qu'on y pût parvenir, tous les biens réunis des coupables seraient insuffisants à réparer le moindre de leurs forfaits.

Mais il y a mieux. Un texte spécial a depuis longtemps réglé, quant à la responsabilité des communes, les suites désastreuses des insurrections populaires.

Au prélude de nos discordes révolutionnaires, en vue précisément des soulèvements de la foule que présageait l'avenir, le législateur a cru de son devoir d'intervenir.

Ainsi a été décrétée par la Convention nationale la loi du 10 vendémiaire an ɪᴠ sur la *police intérieure des communes*, laquelle rend les communes elles-mêmes responsables des dommages causés par leurs habitants, réunis en bandes insurgées.

Cette loi dispose expressément :

Titre Iᵉʳ. — « Tous citoyens habitant la même commune

« sont garants civilement des attentats commis sur le territoire de
« la commune, soit envers les personnes, soit envers les pro-
« priétés. »

Titre IV, art. 1er. — « Chaque commune est responsable des délits
« commis à force ouverte ou par violence sur son territoire par
« des attroupements ou rassemblements armés ou non armés, soit
« envers les personnes, soit contre les propriétés nationales ou
« privées, ainsi que des dommages-intérêts auxquels ils donneront
« lieu. »

Art. 5. — « Dans le cas où les rassemblements auraient été for-
« més d'individus étrangers à la commune sur le territoire de la-
« quelle les délits auront été commis, et où la commune aurait
« pris toutes les mesures qui étaient en son pouvoir, à l'effet de
« les prévenir et d'en faire connaître les auteurs, elle demeurera
« déchargée de toute responsabilité. »

Ces dispositions semblent simples et formelles. Cependant, il en
est peu qui aient donné lieu à plus de controverses et de difficultés.
En premier lieu, il s'agit d'une législation qui remonte à l'époque
la plus troublée de la Révolution. De toutes parts, des bandes armées parcouraient la France. En vue de remédier aux périls qu'en-
traînait, pour la sécurité publique, cet état d'effervescence
momentané, ceux qui gouvernaient alors au nom du peuple,
résolurent d'intéresser tous les citoyens à la répression du désordre, en les rendant solidairement responsables.

Ne doit-il pas s'en suivre que la loi du 10 vendémiaire an IV est
une loi d'exception et de circonstance, n'ayant pu survivre aux
événements contemporains qui l'ont provoquée ?

Presque toutes les fois que des particuliers lésés ont invoqué
contre les communes la responsabilité spéciale dont s'agit, celles-ci

ont, en effet, soutenu que la loi de l'an IV avait cessé d'être en vigueur.

Mais hâtons-nous de le dire, ce système a été presque constamment repoussé par la jurisprudence des cours souveraines. Par arrêt du 21 janvier 1851, la cour de Lyon, confirmant un jugement du tribunal civil de cette ville, décidait « que la loi du 10 ven-
« démiaire an IV s'est proposé un but de sage politique et de haute
« moralité, lorsqu'elle a placé les personnes et les propriétés sous
« la sauvegarde et la responsabilité des communes, et lorsqu'elle a
« appelé tous les citoyens à concourir à l'ordre en se prêtant un
« mutuel secours dans le danger ; — que cette loi, née de discor-
« des civiles, créée pour des temps de passions et de troubles, ne
« devait pas nécessairement disparaître avec les causes premières
« de son existence ; qu'en effet elle n'a été abrogée ni par une loi
« spéciale, ni par les actes, qui, à diverses reprises, ont recueilli
« les principes du droit public, ni par les règles ordinaires du droit
« civil, dont elle s'était volontairement écartée ; — que si quelques-
« unes de ses dispositions peuvent paraître maintenant inutiles ou
« d'une difficile exécution, on ne peut cependant la considérer,
« dans son ensemble comme tombée en désuétude, lorsque son
« existence est attestée par des actes réitérés du pouvoir adminis-
« tratif et par de nombreuses décisions de la justice (1). »

La cour de cassation, par cinq arrêts du 14 janvier 1852, s'est prononcée dans le même sens : « Attendu que les grandes com-
« motions politiques qui agitent le pays entier, loin de rendre
« inapplicable de plein droit la loi du 10 vendémiaire an IV, don-
« nent un degré d'utilité de plus à ses dispositions protectrices de
« la sécurité publique et de la propriété privée (2). »

---

(1) Dalloz , Rép. 1849, 3ᵉ p., p. 80. — Voir aussi Dalloz, Rép. 1852, 1ʳᵉ p., p. 157.

(2) Dalloz, Rép. 1852, 1ʳᵉ p., p. 157.

La solidarité de tous les habitants d'une même commune, en vue de la répression des désordres, est, en effet, une règle supérieure, qui est de tous les temps. Nous voudrions même qu'elle fût plus largement appliquée et surtout plus généralement connue.

Sans doute, les bons citoyens, par amour de l'ordre et par respect de la loi, sont toujours prêts à payer de leur personne pour faire tête à l'émeute. Il en est, par malheur, beaucoup d'autres, dont un sérieux intérêt pécuniaire peut seul dominer l'hésitation ou la crainte. Ceux-là, lorsqu'ils seront certains d'avoir à réparer les résultats des troubles, soyez sûrs qu'ils ne marchanderont plus leur concours pour le rétablissement de la paix publique.

Mais si la loi de vendémiaire est toujours applicable aux communes en général, il est moins positif qu'elle le soit encore à la ville de Paris.

Sur ce point, la jurisprudence a gravement varié. La cour de Paris, dans un arrêt du 29 août 1834, ne fait aucune distinction entre la capitale et les autres communes des départements.

« Considérant qu'aux termes de l'article 1er du titre IV de la
« loi du 10 vendémiaire an IV, chaque commune est responsable
« des délits, commis à force ouverte ou par violence, sur son ter-
« ritoire par des attroupements, des rassemblements armés ou non
« armés, soit envers les personnes soit envers les propriétés na-
« tionales ou privées, ainsi que des dommages-intérêts auxquels
« ils donnent lieu ; — considérant que cette loi s'applique aux
« grandes comme aux petites communes, ainsi que le reconnaît un
« avis du conseil d'État du 13 prairial an VIII. — *La ville de Pa-*
« *ris y est soumise comme les autres* (1). »

Le 22 novembre 1834, la même cour statuait encore d'une façon

---

(1) Dalloz, dict., *Commune*, p. 365.

identique (1). Mais ce second arrêt ayant été déféré à la cour suprême, cette jurisprudence rencontra un puissant adversaire en
M. le procureur général Dupin. Dans un réquisitoire, demeuré
célèbre, l'illustre magistrat, prenant à témoin l'histoire pour éclairer la loi, réussit à démontrer que la ville de Paris ne saurait être
frappée de la responsabilité édictée par la loi de vendémiaire an IV.

« Cette loi, disait-il, a été faite pour le Paris de l'an IV, le Paris
« tel qu'il était, tel que l'histoire et la législation nous le représen-
« tent à cette époque funeste. Elle n'est plus applicable à la
« commune de Paris, telle qu'elle existe aujourd'hui. Cette abroga-
« tion, quoiqu'elle ne soit pas formulée expressément et qu'elle
« résulte seulement d'une façon implicite du changement des
« institutions, n'en est pas moins évidente, si l'on considère le
« caractère et le texte même de la loi de vendémiaire; cette loi ne
« doit donc plus recevoir aujourd'hui d'autre application que celle
« que comportent la nature régulière de nos institutions, l'organi-
« sation actuelle de nos autorités municipales et la situation nor-
« male de notre gouvernement. »

Conformément à ces conclusions, la chambre civile de la cour
de cassation, par arrêt du 6 avril 1836, décidait que : « Attendu
« que la ville de Paris est le siége du gouvernement, des grands
« corps de l'Etat, des ministres, et notamment du ministre de l'in-
« térieur, chargé spécialement de la police du royaume, de la sur-
« veillance et de la direction de la force publique..., dans de telles
« circonstances, la municipalité de Paris se trouvait en dehors des
« conditions ordinaires, qui constituent la responsabilité établie
« par la loi de l'an IV (2). »

Malgré l'autorité de cette décision, la cour d'Orléans, par deux
arrêts des 3 février 1838 et 8 février 1839, maintint la jurispru-

---

(1) Dalloz, dict., *Commune*, p. 368.
(2)   id.   id.   p. 366.

dence de la cour de Paris : « Attendu que la loi du 10 vendémiaire
« an IV n'a été abrogée par aucune loi postérieure ; — qu'elle con-
« serve donc son autorité en matière de responsabilité commu-
« nale ; que cette loi est générale, qu'elle ne contient, ni dans son
« texte, ni dans son esprit, aucune exception en faveur de la
« ville de Paris (1). »

L'affaire, ayant été à nouveau déférée à la cour suprême,
M. Dupin porta une seconde fois la parole, et les chambres réunies
rendirent, en date du 15 mai 1841, l'arrêt définitif, dont il est im-
portant de reproduire la première partie :

« La Cour, — en ce qui touche le moyen tiré de l'inapplicabi-
« lité de la loi du 10 vendémiaire an IV à la ville de Paris : — attendu
« que l'application aux communes de ce principe de droit naturel
« qui oblige chaque individu à réparer le dommage qu'il a causé
« pour son fait, son imprudence ou sa négligence, suppose néces-
« sairement une organisation qui laisse aux communes la libre
« disposition de leurs moyens de surveillance, d'action et de répres-
« sion ; — attendu qu'il résulte des décrets des 3 et 4 vendémiaire
« an IV et des circonstances qui ont précédé, accompagné et suivi
« la promulgation de la loi du 10 du même mois, que la commune
« de Paris était alors placée sous un régime spécial, qui refusait à
« ses officiers municipaux le droit de diriger la force armée et d'en
« disposer, et qui réservait aux membres de la Convention natio-
« nale, chargés de cette mission, la direction et la disposition de
« la force armée ; — attendu que, depuis cette époque, la situation
« légale et municipale de Paris n'a point changé et qu'elle a même
« été définitivement fixée et régularisée ainsi que l'exigeait l'inté-
« rêt de l'État ; — attendu, en effet, que la ville de Paris étant le
« siége du gouvernement, c'est au gouvernement que doivent ap-
« partenir exclusivement, dans cette ville, la surveillance de la

____

(1) Dalloz, dict., *Commune*, p. 365.

« police générale, la direction et la disposition de la force publi-
« que, puisque l'indépendance du gouvernement serait compromise
« si les moyens de conserver la tranquillité publique dans le lieu
« où il siége pouvaient dépendre d'une autre autorité que la
« sienne ; — attendu que c'est dans ce but que l'arrêté des consuls
« du 12 messidor an viii a concentré dans les mains du préfet de
« police de Paris cette portion de l'autorité, qui est ailleurs confiée
« aux maires, et qui a pour objet le maintien de la tranquillité
« publique, ainsi que la réquisition de la force armée ; — attendu
« que le préfet de police est l'agent direct du gouvernement ; —
« que ses pouvoirs s'étendent sur tout le département de la Seine
« et au delà ; — qu'il est placé immédiatement sous les ordres des
« ministres, avec lesquels il correspond sans intermédiaire ; —
« qu'il suit de là que c'est le gouvernement lui-même, et non un
« magistrat municipal qui veille, à Paris, à la conservation de
« l'ordre public et qui dispose seul de tous les moyens de sur-
« veillance, de prévention et de répression ;

« Attendu que, si la loi du 10 avril 1831 donne aux maires et
« aux adjoints de la ville de Paris le droit de requérir l'assistance
« de la force publique et de sommer les attroupements séditieux
« de se disperser, ces dispositions n'ont point altéré les pouvoirs
« conférés au préfet de police par l'arrêté du 12 messidor an viii,
« et n'empêchent pas que, dans l'étendue de la circonscription
« territoriale soumise à son autorité, il ne continue d'exercer,
« dans toute leur plénitude, le droit de surveillance générale, le
« devoir de disperser les attroupements séditieux et la direction
« suprême de la force publique ; — d'où il suit que l'arrêt atta-
« qué qui, sans avoir égard à la position exceptionnelle de la
« ville de Paris, l'a déclarée responsable de faits que cette posi-
« tion ne lui laissait la possibilité ni de prévenir ni de réprimer,
« a commis un excès de pouvoir et faussement appliqué et violé
« les dispositions de la loi du 10 vendémiaire an iv...... Par ces

« motifs, casse l'arrêt de la cour d'Orléans du 3 février 1838 (1).»

Nous croyons qu'il y aurait beaucoup à dire contre cette doctrine, et pour notre part nous n'hésitons pas à la repousser. C'est à Paris, surtout, que la solidarité des habitants, en vue de la prévention et de la répression du désordre, est utile et nécessaire. Sans doute, les occasions et les éléments de troubles et d'attroupements y sont plus nombreux et plus redoutables qu'ailleurs; mais plus puissants aussi sont les moyens de surveillance et d'action; et si la municipalité a près d'elle l'autorité supérieure du gouvernement, pouvant lui donner des ordres, elle l'a en même temps pour lui prêter l'appui de la force publique, dont elle dispose.

Dans tous les cas, rien ne nous semblerait plus dangereux que de décharger à Paris, d'une façon absolue, la commune, et partant les habitants de toute responsabilité quelconque, eu égard à la protection des personnes et des propriétés.

La cour de Bruxelles nous paraît avoir été bien plus sagement inspirée lorsqu'elle a décidé, par arrêt du 15 juillet 1832, « que le but de la loi de l'an IV, en menaçant tous les habitants « d'une commune d'une grave responsabilité, a été tout à la fois « de les détourner d'une participation active et de toute excitation « secrète aux attentats qu'elle punit; d'assurer leur prompte obéis- « sance et leur concours efficace aux mesures ordonnées pour la « répression des excès, et de les appeler, *dans l'absence ou l'inac-* « *tion de l'autorité ordinaire,* à user de toute leur influence, et à « réunir, dans l'emploi des moyens qu'elle autorise, tous leurs « efforts pour prévenir le mal ou en arrêter le cours. »

Ce but, c'est à Paris surtout qu'il convient de le réaliser; et malgré l'autorité de la décision solennelle des chambres réunies,

---

(1) Dalloz, dict., *Commune*, p. 369.

de la cour suprême, nous verrions avec le plus grand regret la ville de Paris échapper, en thèse générale, à la responsabilité des pillages, des incendies, des dévastations de toute espèce, que des attroupements séditieux pourraient causer dans ses murs.

Ce n'est pas que nous voulions prétendre que, dans les circonstances présentes, la ville de Paris puisse être déclarée responsable des effroyables dégâts accomplis par les insurgés. Ici, une nouvelle difficulté s'élève. Il faut examiner quelle est la nature des désordres et notamment « si les pouvoirs municipaux ont employé les moyens, qui étaient à leur disposition, pour dissiper les attroupements dévastateurs (1); » car à l'impossible nul n'est tenu; ce qui est aussi vrai pour les communes que pour les particuliers. L'article 5 du titre IV de la loi de vendémiaire le prescrit d'ailleurs expressément.

Que la ville de Paris soit responsable des pillages isolés, des dommages partiels, résultant de troubles momentanés, tels que nous en avons vu naguère se produire, cela nous paraît n'être que justice; parce que la ville devait avoir, parce qu'elle avait, soit par sa milice municipale, soit par sa garde nationale, des moyens plus que suffisants pour s'y opposer.

Mais il y a des degrés dans les insurrections populaires; et ce même sentiment de justice nous semble exiger que, passé certaine limite, la ville de Paris ne puisse plus encourir de responsabilité.

Quelle sera cette limite? Les auteurs et les tribunaux ont essayé de la déterminer. C'est là, sans doute, une question de fait; toutefois, il est possible de poser des éléments certains de décision. Ainsi la cour de cassation nous paraît avoir fait une juste appréciation en reconnaissant « que la loi du 10 vendémiaire an IV, uniquement relative à *la police intérieure* de chaque commune, n'est pas

---

(1) Cour de cassation. — Arrêt de la chambre des requêtes, 14 janvier 1852.

destinée à reprimer des actes de rebellion à main armée, qui ont pour but le *renversement du gouvernement, de la charte constitutionnelle et de l'autorité royale.* » (Arrêt du 6 avril 1836.)

Dès que la question gouvernementale est agitée, dès que les populations en armes se massent et se révoltent contre la constitution en vigueur, ce n'est plus un attroupement, c'est une insurrection, ce peut être une guerre civile !

Les événements que nous venons de voir se dérouler sous nos yeux n'en sont que la preuve trop palpable. Était-il possible à la ville de Paris de les arrêter? Ce que l'État, investi de tous les pouvoirs et de toutes les forces de la nation n'a pas osé tenter le 18 mars, eût-il pu être entrepris ou essayé par les municipalités reduites à elles seules ? Et comment les autorités locales pouvaient-ellés espérer triompher d'une émeute, sans précédent, lorsque l'armée tout entière n'a réussi à la réduire qu'après un siége et un bombardement de plus de deux mois ?...

En présence des proportions du mal, la responsabilité de la ville de Paris, aux termes mêmes de la loi qui nous occupe, doit disparaître.

Est-ce à dire que tous les désastres, qui nous entourent, doivent demeurer sans réparation, du moment que, par la force même des choses, la ville de Paris échappe à cette lourde responsabilité.

D'autres responsabilités spéciales peuvent exister. Ainsi, au cas d'incendie, les compagnies d'assurance sont responsables dans les termes de leurs contrats, si toutefois les risques de *guerre,* de *guerre civile* ou d'*émeute* n'ont pas été par elles formellement reservés sur les polices (1).

---

(1) La plupart des polices d'assurance exceptent expressément tout risque résultant de guerre, de guerre civile ou d'émeute. Si cette exception ne figurait pas au contrat, nous n'hésiterions pas à proclamer la responsabilité des compagnies.

Mais ce ne sauraient être que des palliatifs impuissants. Répétons donc ce que nous avons écrit au sujet des autres ruines occasionnées par la guerre étrangère. Là où le droit est nul, là où la loi reste muette, là où la jurisprudence n'accorde aucun recours, c'est à l'équité et à la générosité de se faire entendre (1).

Dejà la charité privée et individuelle a ouvert des souscriptions spontanées pour venir au secours des victimes. Acceptons avec reconnaissance cette première obole; mais n'en restons pas là.

Que la nation tout entière se lève, en vertu de la noble et sainte loi de la solidarité du malheur! Que, par la volonté souveraine de ses mandataires, elle fasse la part de la misère! Jadis il y avait la dîme des pauvres, qu'il y ait aujourd'hui la dîme des victimes. La France a été assez riche pour payer sa gloire; qu'elle soit assez riche encore pour payer ses infortunes et ses ruines !

---

(1) Déjà à la suite des émeutes de 1848, des indemnités ont été généreusement accordées soit par l'Etat soit par la ville de Paris aux propriétaires lésés, mais sans que la question de droit ait été ni soulevée ni résolue.

Paris, Imprimerie Paul Dupont, rue J.-J.-Rousseau, 41. (1311.6.71)